NOBODIES KOKORO

IN NOMINE PILU
(TOGHE, ESCORT, COCAINA)

LIBRO 1

FUGA DAL PARADISO DEGLI ORCHI

Se hai intenzione di tentare, fallo fino in fondo.
Altrimenti, non cominciare mai.
Se hai intenzione di tentare, fallo fino in fondo.
Ciò potrebbe significare perdere fidanzate, mogli, parenti, impieghi e forse la tua mente.
Fallo fino in fondo.
Potrebbe significare non mangiare per tre o quattro giorni.
Potrebbe significare gelare su una panchina del parco.
Potrebbe significare prigione,
Potrebbe significare derisione, scherno, isolamento.
L'isolamento è il regalo, le altre sono una prova della tua resistenza, di quanto tu realmente voglia farlo.
E lo farai a dispetto dell'emarginazione e delle peggiori diseguaglianze.
E ciò sarà migliore di qualsiasi altra cosa tu possa immaginare.
Se hai intenzione di tentare, fallo fino in fondo.
Non esiste sensazione altrettanto bella.
Sarai solo con gli Dei.
E le notti arderanno tra le fiamme.
Fallo, fallo, fallo. FALLO!
Fino in fondo, fino in fondo.
Cavalcherai la vita fino alla risata perfetta.
È l'unica battaglia giusta che esista.
(Charles Bukowski, lancia il dado)

FUGA DAL PARADISO

DEGLI ORCHI

Prefazione all'opera completa

Il mare di Dirac, concetto formulato dal fisico teorico britannico Paul Dirac, in cui il vuoto fisico è visto come un mare infinito di particelle di energia negativa. Il concetto è usato e menzionato in numerosi racconti di fantascienza, secondo ricerche svolte nel ventesimo secolo, il mare di Dirac è associato al concetto di antimateria.

In un film di animazione questo concetto viene rappresentato come un essere senziente che si materializza improvvisamente e a cui viene dato il nome di un angelo, Leliel, rappresentandolo con un buco nero dal diametro di diversi chilometri e sottile pochi micron, che inghiotte tutto ciò che sta sopra di lui, questo essere ha una particolarità, la sua ombra è una gigantesca sfera in cielo, quest'ombra distrae la città e nel mentre dal basso vengono inghiottiti interi edifici, tutto sprofonda, nulla si sa cosa ci sia oltre il buco nero dell'essere dal nome angelico che vuole distruggere l'umanità. L'espressione "mare di Dirac" può indicare un luogo di non ritorno secondo l'interpretazione dello scrittore giapponese Ryū Mitsuse nel romanzo Dieci miliardi di giorni e cento miliardi di notti.

In questo paese abbiamo esseri dal nome che dovrebbe apparire una carica angelica: magistrati, i quali inghiottono i malcapitati nel buco nero da loro creato che distrugge tutto della vita delle vittime e l'attenzione viene deviata dalla loro ombra creata dai media asserviti e la vittima è il capro espiatorio, nessun nobile intento dietro questa carneficina e dietro lo smantellamento della democrazia, solo esseri Asura, informi, dominati dai loro interessi e bassi istinti. Scrivere quest'opera è stata come una lunga partita a wei chi, un'indagine durata diciotto anni, il libro era un volume unico che è stato diviso in più libretti, come una medicina che deve essere data in più dosi per farla assimilare poco alla volta a organismi oramai posseduti da patologie che sono ritenute normalità, cittadini che non vogliono abbassare la testa per vedere cosa sta inghiottendo le loro vite guardando la realtà ma che preferiscono dire che devono guardare l'ombra per restare a testa alta.

La seconda prefazione presente solo nella "prima dose" é affidata a "Ghino di Tacco".

Legenda:

All'interno dei libri sono trascritte delle registrazioni telefoniche, queste iniziano con i nomi/soprannomi ed il time stamp tra parentesi quadre [M 00:00]. I commenti per facilitare il lettore a comprendere le situazioni descritte dalle registrazioni sono tra parentesi tonde se spiegazioni corte oppure vi sono delle righe di interruzione al fine di dare una delucidazione maggiore. Quando vi è una sostituzione del nome/cognome con soprannome o una censura è sempre tra parentesi quadre: [omissis], [Marco].

Prefazione della "prima dose"

Il titolo di questo libro è il programma dissacratorio di uno spaccato di vita italiana.

Il titolo richiama al lettore il senso e il luogo comune del motto di un celebre attore

La corruzione dilaga e i costumi non sono per nulla rispettosi della pacifica civile convivenza.

L'autore racconta la storia autobiografica di un giovane professionista, il quale narra le traversie dei rapporti con la propria famiglia di origine e il tentativo di affrancarsi da ogni sopruso.

Costretto a lasciare il natio borgo selvaggio calabrese si trasferisce a bergamo e qui continuano le traversie.

"Calaber numquam bonus, si bonus numquam optimus, si optimus, numquam Calaber" (Il Calabrese non è mai buono e se buono, non è mai ottimo e se ottimo, non è mai Calabrese) dicevano i romani.

È proprio così?

Il protagonista è un semplice ragazzo che cerca di non lasciarsi corrompere, partendo, peraltro, da un ambito socialmente degradato.

Marco, il protagonista, deve dibattersi contro tutte le autorità a partire da quella del padre, il signor V.

bergamo è scritto con la minuscola, poiché la città è il palcoscenico di manipolazione e ingiustizia, una città poco degna della sua storia.

Il padre è avversario e si scontra con il protagonista nel tentativo di sminuirlo e lederlo.

Il male è fine a sé stesso, senza una vera giustificazione morale, quanto, piuttosto, indice di artificio, raggiro, ruberia e ignoranza.

I conoscenti non sono amici.

Quid dulcius quam habere quicum omnia audeas et loqui ut tecum? (cosa può esserci di più dolce che avere qualcuno come te con cui tutto puoi discutere e parlare?) Diceva Cicerone nel Laelius vel De Amicitia.

Ma, in questo caso, non ci sono amici, ma solo iene ed avvoltoi contro chi è ferito

Ad ogni paragrafo sembra poter riecheggiare il motto di Plauto "homo homini lupus"

Altra caratteristica dell'animo del protagonista è la sua solitudine.

Donec felix eris multos numerabis amicos, tempora si fuerint nubilia, solus eris, (fino a quando sarai ricco, potrai contare su molti amici, quando le circostanze saranno avverse, rimarrai solo). Ovidio insegna che la condizione dell'umana natura è proprio quella della solitudine fin tanto che non sia utile a qualcuno.

A dispetto di quanto occorre nella tradizione della letteratura occidentale il protagonista è solo con il suo male di vivere.

In questo caso, il protagonista è avversato sempre e comunque dalla famiglia di origine e poi dai vicini e dalle istituzioni.

Le istituzioni sono viste come arpie, non come contorno di sostegno per la crescita dell'individuo bensì come momento di conflitto e scandalo.

La fragilità del tessuto sociale determina la fragilità delle istituzioni e in quanto tali gli organismi di PS sono colti nella loro posa più aggressiva.

L'individuo è solo con sé stesso senza una famiglia di riferimento, senza un contesto relazionale di sostegno e senza la difesa delle istituzioni.

Il linguaggio è semplice. È per lo più lo specchio della realtà rappresentata. Lo stile è razionale e chiaro, formato a frasi principali coordinate. Il lettore ha la sensazione di leggere un manuale per l'uso, il manuale per la conoscenza di questo ambito umano e territoriale e la via per sopravvivere.

Lo scopo del testo non è solo polemico, ma soprattutto educativo.

Il plafond è polemico e lo stile ne risente. Ma, il protagonista spiega come interpretare la realtà con uno stile diretto. La realtà e l'ambito di vita sono raccontati non tanto da idee e racconti, ma precise scelte lessicali che meglio introducono i concetti e le sensazioni del vissuto.

Lo stile racconta la storia e giustifica le idee.

Di qui la novità del testo.

L'autore punta al vero e il vero viene raccontato nella sua dimensione più tragicomica. Il vero viene colto per la percezione immediata che l'autore ne vuole dare. La sensazione trasmessa al lettore può esser racchiusa nella formula pirandelliana del "così è se vi pare", rivista e corretta.

Si tratta di una reinterpretazione della realtà alla luce dell'esperienza umana e quotidiana vissuta.

La domanda finale cui ciascuno potrà rispondere meglio secondo la propria sensibilità è semplice, se ne deve ridere o piangere?

Ai lettori l'ardua sentenza.

"Ghino di Tacco"

I

LA FUGA

> La vita senza libertà,
> è come un corpo senza lo spirito.
> (Khalil Gibran)

> Un uomo che guarda il muro
> è soltanto un uomo,
> due uomini che guardano il muro sono il
> principio di un evasione
> (Diego Cugia, Alcatraz)

È agosto, mal sopporto il caldo, il bus che torna dal Marocco ha scaricato quasi tutti, ma io ho una fermata speciale, proprio di fronte al suo deposito. Io scenderò davanti a un edificio lungo la statale e dalla parte opposta della strada vi è la sede della società di trasporti, annesso capannone.

Il mio borsone è nero, il mio unico bagaglio, prendo le chiavi all'interno e apro il piccolo cancello di ingresso della casa. Ancora per qualche ora devo stare al piano rialzato in una villetta quadri familiare dove vivevo di fatto fino a un mese fa, sono stato abbandonato qui dai servizi sociali, è stato un ennesimo affido famigliare, ma sta per chiudersi questo capitolo. Devo pensare alle cose pratiche; l'assicurazione della mia lancia Y è scaduta, non posso usare il veicolo, fa nulla, mi farò sedici chilometri a piedi, non voglio più stare qui, passerò a prendere l'auto in un secondo momento, tra circa una settimana mio padre, che con i miei amici chiamo il V, tornerà con la moglie e il figlio dal Marocco, povero bambino, ha sei mesi, sono preoccupato per lui, padre squilibrato, madre comprata come si fa con le bestie. Orgoglioso mentre me lo raccontava, il V è palesemente fuori di testa, io lo so, lo sanno i servizi sociali, lo sanno anche alcuni del sindacato rosso che lo hanno fatto rappresentante sindacale. La sorella, la zia Lucia che vive al piano di sopra mi ha preso in affido famigliare per: «Potermi rovinare e non farmi diplomare» come dice lei ma, nel tentavo di farlo, ha perso il senno, oramai è palesemente fuori di testa, ogni volta che mi vede mi dice «Sei brutto, dillo che sei brutto, mentre mio figlio è bello, Mimmo è bello, hai visto che la zia gliel'ha fatta, ti ha rovinato», nel frattempo si ritrova con due figli ignoranti come bestie, bocciati anche alle medie inferiori, ed ha fatto di tutto per farli studiare, non leggono mai nulla, capre; la zia aveva fatto amicizia anche con la signora che mi teneva in affido familiare in precedenza, avevano intenti comuni, è complice in tutto il marito della zia, Salvatore, un ex poliziotto che si è scoperto con un malsano interesse per i minori.

Devo andare avanti, è questo ciò che penso, oramai non vivo più qui.

Sento lo zio che mi chiama appena entro dal portone metallico, è sulle scale, era sulle scale sopra la porta di casa ad aspettarmi, mi ha visto entrare dal cancellino esterno, mi chiede come farò ad andarmene dato che la mia auto ha l'assicurazione scaduta. Gli dico che andrò a piedi, lo fisso alzando lo sguardo verso di lui, sta al centro della scalinata che conduce al piano superiore, mi chiede il costo dell'assicurazione e mi dice di attendere, di corsa mi porta un assegno con l'importo per la RCA, ha gli occhi spalancati e timorosi, circa un mese fa, quando ha visto che stavo traslocando con le mie cose mi ha aggredito saltandomi addosso da quattro gradini sopra il pianerottolo e molestandomi, urlando continuamente «Non hai niente contro di me?! eh, non hai niente contro di me?»;

Lo spinsi lontano da me dicendogli «No, no, è stato lui a lasciarvi fare!» Ora che me ne vado non sono più sotto scacco e potrò denunciare il male patito. Sono libero…di difendermi. Pagheranno per avermi preso in affido con lo scopo di farmi del male.

Ho in mano l'assegno bancario da ottocento euro per l'assicurazione, ma non posso usarlo per pagarla direttamente, devo versarlo in banca e poi fare il bonifico. Lo zio, ora che ha capito che me ne vado, in parte si sente più tranquillo, pensa che non verrà denunciato., pensa di averla fatta franca e si consola di "avermi rovinato:" è riuscito a non farmi diplomare, ciò di cui si è sempre vantato, organizzava pranzi con tutti i parenti per vantarsene, tutti contenti.

Voglio andarmene, è l'unica cosa a cui penso, lascio il borsone, prendo lo zainetto, ci inserisco il computer portatile e qualche cavo e me ne vado. Quando non c'erano treni ho fatto altre volte la strada dalla città a piedi per tornare qui in provincia a casa del V, ma farla per la prima volta nel senso opposto mi fa uno strano effetto, non cerco neanche di capire se vi è un bus, tanto non troverei rivenditori aperti per il biglietto, con i bus di provincia l'ingresso sul mezzo è vincolato all'obliterazione del biglietto.

È passata un'ora, sto camminando sui colli di città alta, verso la stanza che ho preso in affitto, una mansarda dove fa freddo in inverno e un caldo insopportabile d'estate. Arrivo, ho solo voglia di andare a letto, mi addormento, fra tre giorni torno a lavorare, faccio il turno dalle tre e mezza alle sette e mezza AM in una logistica, è un turno che molti odiano, ma sembra cucito su misura per la mia insonnia, con qualche straordinario la paga non è male, basta per sopravvivere, se vivi in condivisione, ma di certo non potrei permettermi l'affitto di un intero appartamento e le cure mediche, già, ma che cure? non so da dove iniziare, so solamente che è stato un progressivo malessere, è iniziato in affido famigliare, ero alle elementari, ho iniziato a diventare rigido fisicamente, poi i voti scolastici hanno iniziato a peggiorare ed è iniziata la gioia spasmodica di affidatari e parenti, tutti della stessa pasta. Adesso, devo pensare al lavoro e a curarmi. Penso di avere dei problemi di autostima, è un male comune, forse è quello, ma brancolo nel buio dell'ignoranza; Devo capire cosa è successo al mio corpo, penso che tutto sia una questione di testa, sto pensando da tempo di andare da uno psicologo.

Sono passati un paio di giorni, la mia RCA è attiva, grazie zio Salvatore: molestatore, maniaco e miserabile; posso andare a riprendermi l'auto, prenderò il treno e poi un pezzo di strada a piedi. Quando circa un mese fa ho portato via tutte le mie cose, prima del viaggio in Marocco con il V, questo non voleva che lo facessi, ha mangiato la foglia, ma non ha potuto fermarmi, pensava che sarei stato lì a farmi sfruttare da lui per tutta la vita, più bestia che uomo, come la maggior parte dei suoi parenti, anzi forse tutti... io sono l'unico diverso che taglierà i ponti con loro.

Oramai mi sono abituato, vado a letto alle ventidue e mi sveglio alle due e quarantacinque, nonostante l'insonnia riesco a dormire queste ore, il sonno non è ristoratore, ma meglio che stare tutta notte a guardare un soffitto e crollare la mattina dopo, il mio è un turno che vogliono fare pochi, invece per me è ottimo, dopo il lavoro torno a casa e solitamente dormo un po', oggi no, passo a casa solo a cambiarmi, in mattinata devo vedere Massimo O., un mio amico cinquantenne, io ne ho ventidue e mezzo; un suo conoscente, ex direttore di Banca, vuole venderci una società, l'idea di Massimo è di metterci a vendere auto, io circa un anno fa lavoravo come impiegato presso un ufficio che forniva auto agli autosaloni, la società poi è stata chiusa; lì ho conosciuto Massimo, lui ha sempre venduto auto, ma con l'uso del computer è a disagio, quindi, mi propone di fare società, lo incontro al Bar che mi ha indicato e attendiamo l'arrivo di chi ci cede la società.

Ci raggiunge un signore obeso sulla sessantina, arriva su una Maserati che avrà circa vent'anni e viene tenuta come se fosse una figlia, è la terza volta che lo incontriamo, si chiama Morzenti, è impregnato di profumo, le trattative sono rapide, ci mostra dei fogli con la visura della società e chiede al mio amico di firmare dei fogli per il trasferimento, è il duemilacinque, di digitale c'è poco per interfacciarsi con la burocrazia. Massimo firma due fogli in bianco.

Appena Morzenti se ne va, spiego a Massimo che l'auto che guido è intestata al V, mi serve trovare un'altra auto e consegnargli questa, anche se l'ho pagata interamente di tasca mia, mi suggerisce di farmi fare una procura a vendere, non ha capito che razza di bestia sia, penserò più avanti a come fare.

Dopo qualche giorno, lo rivedo; la società, come da accordi, se la intesta lui, amministratore e quote, io dovrò aprire una partita IVA individuale, non so come fare, so dov'è la camera di commercio, ho una serie di sintomi e malori, non mi va di fare la fila presso uffici pubblici, procrastino, i miei due pensieri sono soldi e un dottore, devo ammettere a me stesso, che anche se sono consapevole di essere completamente differente dai miei parenti, ho paura di essere stato in qualche modo infettato da non so nemmeno cosa.

È passato meno di un mese, e, Massimo mi dice di essere stato chiamato dalla guardia di Finanza, in quanto, Morzenti ha usato indebitamente il foglio con le sue firme in bianco, la cosa non mi stupisce, Morzenti mi chiese di cambiargli un assegno che si rivelò rubato; Massimo mi dice di andare avanti per conto mio nella vendita auto, secondo lui ce la posso fare, almeno per un po', mi passa il numero di Enzo della Supercar: è un importatore di Brescia, nessuno vuole comprare da lui perché ha fatto un po' di casini, nemmeno Claudio, un intermediario che vive a cinquecento metri da casa sua, vuole condividere iniziative professionali; con questo ci ho parlato telefonicamente, me lo ha passato Morzenti, in aggiunta mi ha dato informazioni dettagliate su di lui. Se riesco a farmi accettare e mostrare affidabile comprerò da Enzo e venderò ai suoi clienti, poi me ne farò altri; Massimo mi consegna la lista clienti che Morzenti gli diede in mia presenza, avevo preso anche degli appunti, trascrivo la lista clienti al PC e poi chiamo Enzo della Supercar, lo incontro, di certo non ha un aspetto rassicurante; un uomo sulla cinquantina, alto circa un metro e settanta, con una pancia grossa, un po' sdentato, mi dice a voce nome di altri potenziali clienti, ma io non sono uno che si sente commerciale, contatterò i clienti della lista che mi ha dato Massimo. Non chiamerò i clienti direttamente al telefono, invierò delle e-mail con i miei riferimenti, preferisco mi contattino gli altri, mi sembra quasi di disturbare a telefonare per tentare di vendere qualcosa. Per i pagamenti decide Enzo le modalità, devo anticipargli ad autoveicolo, tra i trecento e i mille euro per le piccole spese, per le prime volte in contanti, per il resto del veicolo gli devo dare un assegno bancario, lui lo spedirà al suo fornitore e nel giro di tre giorni avrò il veicolo che mi serve.

Lavorando part-time di certo non ho molti soldi, ma devo trovare questi mille euro, è difficile solo l'inizio, mi ha detto di stare basso con le provvigioni, chi guadagna molto nella vendita auto sono i proprietari degli autosaloni, gli intermediari più bravi di media guadagnano da mille a massimo duemila euro a veicolo, ma si parte con duecentocinquanta o trecento euro; se il salonista vede che chiedi poco, ti cerca, perché appari uno che ha voglia di lavorare e farà molti ordini: sono un po' in dubbio sulla mia capacità di farcela nelle mie condizioni, in ogni caso, anche solo tre o quattro veicoli venduti in al mese mi danno la speranza per un futuro, una casa dove dormire tranquillo e le spese mediche, non ho altro in testa. Al contrario, Enzo, è uno che ha il cervello in mezzo alla cintura dei pantaloni, come il V; Enzo parla sempre di escort e del fatto che la sera devo uscire a divertirmi.

Per quel che riguarda le provvigioni, non sono dubbioso sulle cifre, sono le stesse cifre che guadagnavano gli intermediari della società dove lavoravo con Massimo; dai trecento ai duemila euro ad auto, dipende sempre dal veicolo, ma ho imparato che bisogna puntare sugli autoveicoli dai sessantamila euro in poi, il lusso non va in crisi.

Invio le prime e-mail, il fatto che mi sia acquistato un dominio e non scriva con un'e-mail gratuita mi fa apparire professionale, anche senza avere un sito web, mi fanno i primi ordini, subito un intoppo, mi chiedono di inviare la copia dell'offerta tramite fax, non vogliono sentire parlare di e-mail, poiché, pretendono, le trasmissioni ufficiali si fanno col fax. Non ho con me un fax, ci penso un po', trovo un modo per inviare la fattura a mezzo fax come vogliono loro, ho un vecchio modem 56k esterno, lo collego, poi posso inviare il fax direttamente dal mio PC fisso, mi trovano professionale, i clienti sono pochi, ma gli ordini arrivano, sono un pessimo venditore, di fatto, però, nonostante questo, rispetto a loro sono avanti con l'uso del computer, di fatto volevo studiare, ma poi mi viene in mente com'è andata e mi sale la rabbia; di fatto sono un informatico che si è messo a vendere auto: un giorno verrà chiamato dropshipping questo modo di vendere. Il mio obiettivo da quando ho vent'anni è raggiungere almeno i cinquemila euro al mese, ho stimato che sono il minimo per essere tranquilli con: affitto, cure, auto, manutenzione e mettere da parte dei soldi per i piccoli imprevisti.

Quando faccio degli straordinari e torno a casa più tardi, verso le nove e mezza di mattina, passo sempre davanti al sindacato rosso, fuori dall'ufficio vertenze c'è Bolone, mi guarda in modo cagnesco e continua a fumare, è originario di Termini Imerese, è un miserabile, circa due anni fa, quando ero appena ventenne, vinsi una causa con un datore di lavoro, questo mi pagò il dovuto con degli assegni postdatati; Bolone falsificava la mia firma sulle ricevute del sindacato, dava l'assegno al V, il quale, falsificava la firma sugli assegni e li incassava. Bolone assieme all'avvocato Loredana Baschenis avevano fatto sì che il V venisse eletto rappresentante sindacale della Koinè S.p.A., è per loro un soggetto molto utile, analfabeta, e, a causa della ridotta capacità cognitiva può essere addestrato come un cane a essere convincente davanti a un giudice per testimoniare il falso, serve solo un piccolo cenno della testa per fargli dire «Non è come dice lei!» oppure «Sì» in modo convincente, poi ritorna a guardare il suo addestratore, per capire, dallo sguardo, se ha eseguito il compito correttamente. Bastardi, per tenerselo ubbidiente lo hanno aiutato a tentare di ridurmi in schiavitù; quando, oltre alla violenza fisica vi è quella economica, solitamente non vi è via di fuga, ma io, invece, sono riuscito a scappare... via da queste situazioni di ordinaria follia. Il cognato Salvatore, ex poliziotto, gli insegnò a colpirmi al fegato e ai reni per non lasciare segni. Quando Loredana e Bolone ne sono venuti a conoscenza, hanno sfruttato la situazione a loro vantaggio, aiutandolo; il V si sentì importante, non desiderava altro che potermi sfruttare; assurdo: in provincia di Catanzaro squilibrato mentale, in provincia di bergamo rappresentante sindacale. In fin dei conti, mi spiegò un mio amico, questa è la provincia che possiede le saline con il sale meno iodato del mondo, e questo è il risultato; il V, uno che l'ex moglie voleva, a ragione, interdire, qui è una persona normale e rispettabile; sono ancora vincolato per il fatto che la mia auto è intestata a lui e non posso farne a meno, mi serve un mezzo per muovermi.

Ho iniziato ad andare da una psicologa, Caterina, a volte mi dimentico di andarci, mi passa di mente, me la sono fatta consigliare da una collega di lavoro, Mary, una studente di psicologia. Quando le chiesi un consiglio, le confidai di non realizzare la causa del mio disagio, le dicevo solo che non riesco a studiare, dormire, fare attività fisica. «Forse ho un problema di autostima», anni fa lessi che è un male comune, ma lei mi rispose sorridendo «Marco, non mi sembri uno che ha problemi di autostima!». A questo punto pensavo «Brancolo nel buio della mia ignoranza, vediamo cosa accade».

II

LA MOSSA DEL PADRE PADRONE

> Il destino, quando apre una porta, ne chiude un'altra. Dati certi passi avanti, non è possibile tornare indietro.
> (Victor Hugo)

Squilla uno dei miei tre Nokia, ho dovuto dare questo numero al V, è lui che sta chiamando
M «Pronto?»
V «Pronto? vieni, tuo padre ti deve parlare» (parla di sé in terza persona)
M «Sí, arrivo, arrivo» ogni volta che mi chiama vado in ansia e mi sale la rabbia, penso all'auto, devo tenere duro, non ho ancora fatto tutte le pratiche in camera di commercio, sono solo riuscito ad aprire partita IVA all'agenzia delle entrate, sono sempre nervoso e preoccupato, le

condizioni della mia salute sono dubbie e senza una diagnosi.

Arrivo a casa del V, ho le chiavi per entrare, vuole che le tenga, l'aguzzino vuole che io torni nella prigione da cui sono scappato, ma non accadrà.

Busso alla porta

V «Avanti»

M «Ciao, Ciao Noura»

V «Ciao Figlio mio»

Noura «Ciao, Marco, mangiare?»

M «No, non ho fame»

Il V mi guarda preoccupato, stanno mangiando in cucina, il tavolo è attaccato al muro da un lato, lui è a capotavola e la moglie alla sua destra, io sono in piedi che lo guardo, abbassa la testa verso la sua destra, si mette la mano davanti alla faccia come un bavaglio, poi la toglie «Sei andato via di casa figlio mio», sembra incredulo, come se fosse stato un padre affettuoso e amorevole, non un aguzzino, più volte in passato mi disse, convinto delle sue parole «Io non so' un padre padrone, io sono un padre troppo bravo, hai visto tuo padre, io non sono come all'altri (gli altri)»; quando hai la funzione logico critica e ipotetica deduttiva non funzionanti, questi sono i risultati. Continua a manifestare un'espressione sofferente; incredibile, l'aguzzino è incredulo della mia fuga, scuote la testa.

Noura «Marco andato via casa per colpa zia»

M «Lui è complice»

V «Lo hai abbandonato tuo padre»

M «Dobbiamo ancora vederci finché l'auto è intestata a te»

V «Como?»

M «Si dice come. comunque, l'auto, la macchina intendo, la lancia Y è intestata a te, devo fare il passaggio; quindi, ci vedremo» glielo dico per tenermelo buono, non vedo l'ora di chiudere con lui, non credo che mi farà intestare il mio veicolo.

V «No, tu ti devi fare vedere quattro volte la settimana e fermarti a dormire a casa di tuo padre»

Marco «Ti ho lasciato tutto, anche il computer che mi hai comprato, resto un'ora, poi me ne vado, mi dà fastidio stare qui, ho un senso di rigetto».

Il V non voleva parlarmi di nulla, ma solo fare la vittima, come se fosse lui il danneggiato, attendo che prenda il caffè, poi me ne vado, sono impaziente di uscire da quella casa.

Gennaio duemilasei, due mesi fa sono riuscito a fare l'iscrizione in camera di commercio, inoltre ho passato il mio primo compleanno senza che qualcuno mi insultasse, tentasse di farmi piangere o di sminuirmi, sto andando in auto a fare la spesa, mentre sto guidando mi ritrovo su una parte di strada ghiacciata, la mia lancia Y urta contro un muretto di cemento armato, il muro non ha nessun danno, ma la mia auto ha danni sul parafango destro. Dal cancello accanto al muretto, alto circa un metro, esce un signore sulla sessantina, mi guarda «Sai che sei il quarto da stamattina che viene contro il muretto? la strada è ghiacciata, ma il comune non fa nulla»

M «Ah, ma che cavolo» chiamo Massimo, gli racconto l'accaduto, mi suggerisce un carrozziere lì vicino, deve tagliarmi un po' il parafango che sfrega sulla ruota, non ha danni al motore, solo alla carrozzeria; di fatto non mi importa nulla, è un'auto che devo restituire al V, ancora qualche mese mi deve durare poi può anche essere demolita. Vado a fare la spesa, sulla strada del ritorno sono costantemente preoccupato per lo stato del veicolo. Nel mentre ricevo una chiamata dal commercialista, è stata depositata la contabilità del duemilacinque, penso al prossimo anno quando avrò depositato la contabilità di un anno intero di attività, potrò chiedere un fido alla banca e guadagnare molto di più.

Passano due mesi, lavoro in modo forsennato, mi sento stressato, ricevo una chiamata dallo studio del commercialista, è venuta la guardia di finanza (GDF) per controllare la mia ditta individuale: ha sequestrato la documentazione e da quel momento il commercialista inventerà scuse per non presentarmi le dichiarazioni dei redditi, ovviamente le parcelle continuerà a incassarle.

Non mi manderá via e questo comportamento mi farà comprendere come i corrotti all'interno dello stato creino sistemi di paura per costruire prove ad hoc per le loro porcate.

Il lavoro procede, ma sono preoccupato per la documentazione sequestrata, non ho scansionato tutto e mi chiedo quanto tempo mi servirà per ricostruirla, ma soprattutto mi chiedo: perché è successo questo? non può essere opera dell'avv. Loredana Baschenis?!

Passa qualche giorno, mi chiama un certo Iacovelli dall'agenzia delle entrate di Lecco, deve farmi delle domande, gli rispondo che per me non ci sono problemi, chiedo a questo di inviarmi una e-mail per avere qualcosa di scritto, quando vado da lui in ufficio subisco un interrogatorio in piena regola come se fosse un incaricato di polizia giudiziaria.

Penso, chissà che accadrebbe se anche il cittadino potesse trattare in pari modo tutti i delinquenti alle dipendenze dello stato? il suo continuo ridere è fastidioso, peraltro per arrivare a Lecco ho trovato un acquazzone e molto traffico, la mia fuga non è ancora completata e ci manca un interferenza di questo tipo a sabotarmi.

Lui come mio padre?

Ennesima chiamata dal V, è un elemento di disturbo a cui sono vincolato, vado da lui a vedere che vuole, arrivato a casa di questo, scendo dal veicolo, apro il cancellino con le chiavi e busso alla porta. Il bussare è un segno che faccio parzialmente inconsciamente, anche se ho le chiavi, è un modo per dirmi che sono estraneo a quella casa. La moglie mi apre la porta.

Noura «Ciao Marco; Vittorio, Marco arrivato»

M «Ciao Noura»

Mi dirigo a destra verso la sala

M «Ciao, dimmi»

V «Ciao figlio mio, come stai?» lo dice in modo altisonante mentre è seduto sul divano marocchino»

M «Perché mi hai chiamato?»

V «Sei andato via di casa e non gli dici a tuo padre dove sei?!»

M «È già tanto se ti rispondo al telefono, cosa vuoi?»

V «Hai visto tuo padre col signor Bolone e l'avv. Vaschenis, che fa u' rappresentante sindacale, come gliel'ha messo in culo a Toccafondi!? hai visto tuo padre analfabeto rappresentante sindacale chi ti intirpreta le leggi?! com'è giusto lo devi ascoltare tuo padre, così (il V) poi ti dice che sei un uomo come tuo padre, hai visto tuo padre?!»

M «Non sai neanche pronunciare il nome dell'avvocato, ma io la chiamo Loredana, la [omissis], e Bolone, il pezzo di [omissis], comunque, sí; vedo che sei un coglione e mi fai schifo; poi chi sarebbe questo?

V «Chi? como?»

M «Questo di cui hai detto il nome, non ho capito, dopo Bolone e la tr…a, …si dice come e non como»

V «Chi, Toccafondi?»

M «Eh, chi sarebbe questo?»

V «Toccafondi, u' mio capo, da Koinè, visto, tu non lo sai como che non sei un uomo come tuo padre»

M «No, non sono un pezzo di merda come te! comunque ho capito, intendi il proprietario del Mercedes 420 CDI Grigio, dove ti sei messo a guardare dentro, il Mercedes con il posacenere pieno di sigari toscani, se lo incontro gli dico che ti voglio testimoniare contro» qualche mese prima della mia fuga, mi aveva chiesto di stare con lui una giornata sul camion a fare un po' di chiacchiere; ovviamente il fine del V era manipolatorio, perché al pari di certi statali, più sono somari, più credono di essere in grado di manipolare.

V «Ma, perché fai così? Comunque, tuo padre sa dove abiti, hai visto tuo padre?»

M «Faccio così perché mi hai colpito al fegato e ai reni per otto anni che sono stato qui, perché te lo ha chiesto lo zio e perché mi avete maltrattato fino a farmi andare male a scuola, per non farmi diplomare»

V «Eh, ma si com'è giusto è così como che lo zio vuole como che tu non sei un uomo come tuo padre»

M «Si dice come e non como, ma tanto è inutile parlare con te, come hai saputo dove abito? sempre se è vero»

V «Tuo padre sa tutto, sono salito la strada, ho visto gli scalini e la chiesa» ride mentre lo dice

M «Dovrò cambiare nome e cognome appena possibile, prima casa e poi vedrò per il nome»

V «Ma perché fai così? com'è giusto adesso devi tornare a casa e portargli lo stipendio a casa a tuo padre, così ti dice che sei un uomo come tuo padre! E poi stai usando la macchina di tuo padre»

M «Non sono un pezzo di merda come te, la lancia Y l'ho pagata io, è solo intestata a te»

V «Ma com'è giusto è di tuo padre, hai visto che tuo padre ti ha fregato? Hai sentito l'avvocato Vaschenis?»

M «No, la devo sentire prossimamente per quella vertenza»

V «Hai sentito cosa ti hanno detto al sindacato l'avvocato Vaschenis e il signor Bolone, como che non lo ascolti tuo padre, non ti danno gli atti, niente più, hai capito? Niente più, come che non gli porti lo stipendio a casa a tuo padre (intende dirmi che non avrò niente se non mi faccio sfruttare da lui)»

M «Se non mi dà gli atti della vertenza la denuncio, poi faccio anche un sito con scritto la [omissis] e ladra di via San Francesco a bergamo, poi aspetto che mi denunci»

V «Ma perché fai così? non lo ascolti tuo padre!»

M «Perché sei un pezzo di merda e stai anche truffando la Koinè e la San Pellegrino testimoniando il falso, quindi di fatto la Nestlé, hai visto che sulle lattine c'è scritto Nestlé» faccio il sarcastico «Ah, ma dimenticavo, tu non sai leggere, ti hanno messo a fare il rappresentante sindacale proprio per questo»

V «No, non è vero, io non viio e sono sordo»

M «Si dice non vedo, non è vero che non senti, hai problemi a capire e ti sei comprato gli occhiali, ma non sai leggere, faceva la stessa cosa la signora che mi teneva in affido, metteva gli occhiali e diceva "non vedo", ma era ritornata a non saper leggere»

V «Ah, la signora Zianna?»

M «Giananna, non Zianna, Giananna»

V «Tu lo condanni a tuo padre, figlio mio»

M «Ma smettila, sei tu che stai truffando la koinè con Bolone e l'avvocato, ma vai a fare in culo»

V «Sì, com'è giusto, tuo padre in tribunale dice: "non è come dice lei", e, fa vincere le cause al signor Bolone e all'avv. Vaschenis»

M «Nemmeno il nome sai pronunciare, comunque mi hai chiamato solo per farmi sapere che hai scoperto dove abito, mi hai trovato solo perché Bolone nel sindacato avrà chiesto la mia nuova residenza e poi te l'ha detta»

Il V fa u sorriso ebete «Ah, mi hai fregato, sei un uomo come tuo padre, hai visto tuo padre?»

M «Ma vai a fare in culo, cretino!»

V «Ma perché fai così, fermati a dormire qui»

M «No, ho qui anche le chiavi da ridarti»

V «No, tienile, io voglio che torni»

Sto zitto, cerco di restare calmo

M «Devo andare, ho da fare, ciao»

M «Ciao Noura»

Noura «Ciao Marco»

Chiudo la porta e me ne vado, ci vorrà ancora qualche mese per togliermelo di torno, devo essere diplomatico, mi preoccupa perdere i soldi della vertenza, questa bastarda di avvocato, vediamo cosa succederà; mentre sono alla guida, sulla strada del ritorno, penso al fatto che dopo aver ottenuto la residenza, necessaria per il tesserino per la ZTL, io e i miei coinquilini, abbiamo staccato l'etichetta coi nostri nomi dal citofono, l'abbiamo sostituita con: "Cuba libre" e "Neverland", di certo il V non citofonerà lì. Anche prima della variazione non mi preoccupava certo che lui vedesse i nomi sul citofono, è analfabeta, ma in caso ci fosse stato qualcuno con lui, avrebbe potuto essere un problema, in questo modo riduco il pericolo.

Mi chiama l'impiegata del sindacato rosso che segue la mia pratica, è aprile duemilasei, l'avv. Loredana vuole vedermi nel suo studio in via San Francesco d'Assisi, arrivo lì, seduto davanti alla sua scrivania con la sindacalista alla mia destra, l'avvocato fa proprio la bastarda, mi guarda dall'alto in basso, non mi vuole fare la vertenza, non mi vuole restituire i documenti; la sindacalista è accecata dalla prosopopea dell'avvocato spazzatura che ho di fronte, la quale, si atteggia sulla sua sedia come una principessa; quando le dico che per ora non ho testimoni, mi risponde «Sono le persone con cui ha a che fare lei, io non ho a che fare con persone di questo tipo», continua a non volermi restituire i documenti. Andrò a parlare con V il pezzo di merda; È metà settimana, un paio di giorni e vado da lui.

Solita dinamica, arrivo dal V, busso, la moglie mi apre la porta, entro in sala, ha la faccia con un sorriso sgargiante che fa vedere che gli mancano i molari superiori.

V «Ciao figlio mio come stai?!»

M «L'avvocato mi ha trattato di merda e non mi vuole dare i documenti»

V «Hai visto tuo padre? hai visto tuo padre cosa riesce a fare? Hai visto tuo padre? fai l'uomo come tuo padre, devi tornare a casa e portargli lo stipendio a tuo padre, così poi tuo padre ti dice che sei uomo come tuo padre, non vuoi che tuo padre ti dice che sei uomo come tuo padre?» il potere di poter sopraffare lo eccita.

M «Piuttosto crepo»

V «Fai l'uomo come tuo padre, sabato prossimo c'è anche il compleanno di tuo fratello e c'è il signor Bolone»

M «Invitaci quella [omissis] dell'avvocato, io non ci sarò»

V «Como, non ho sentito» la TV lo ha distratto un attimo

M «Niente, lascia stare»

M «Ciao Noura»

Noura «Marco, compleanno fratello»

M «Digli di invitare l'avvocato, quella [omissis]»

Esco, mentre sto per avviare l'auto vedo quel bastardo del V che corre verso di me, Noura gli deve aver detto che non sarò presente al compleanno del mio fratellastro; parto e me lo lascio alle spalle.

Passano due settimane e anche il compleanno del mio fratellastro, quel bastardo del V non mi ha fatto la solita chiamata per rompermi le scatole e vedermi, nel frattempo ho acquistato da un mio cliente una Fiat punto tre porte, un altro passo verso la chiusura col V. Decido di andare da questo, mi aveva detto di voler controllarmi la lancia Y dopo avergli raccontato dell'incidente a gennaio; avevo fatto sistemare il veicolo da un

carrozziere privato, questa è una buona occasione per restituirgli il veicolo, poi tornerò a casa coi mezzi.
Entro dal cancellino con le chiavi che mi sono rimaste, ma busso alla porta come sempre, quando Noura mi apre ha la faccia cupa, mi saluta
Noura «Ciao Marco»
Io «Ciao Noura»
Noura «Vittorio, arrivato Marco»
V «Ciao figlio mio» questa volta non sorride il bastardo, ha la faccia di uno che si è preso una lezione, chissà che faccia avrà fatto al compleanno col suo amico Bolone quando avranno parlato del fatto che non ero lì perché mi hanno rubato dei soldi, lo fisso.
M «Ciao»
Noura «Marco, no venuto a compleanno di fratello, no centra fratello, tu litiga con tuo padre»
M «É lui che con il suo amico Bolone e Loredana la [omissis] mi ha rubato i

soldi facendo la firma falsa sulle ricevute, sui miei assegni, adesso non mi vuole dare i miei documenti, mi vuole rubare ancora i soldi! prenditela con lui Noura!»

Il V tiene le labbra sigillate e fa dei piccoli movimenti annuendo con la testa come se stesse dicendo inconsciamente che ho ragione e contemporaneamente guarda a destra e a sinistra, come se sperasse che nella stanza potesse apparire qualcuno a fornirgli uno sguardo o un cenno di approvazione.

V «Ca' io mi pensavo ca tu ti facevi sfruttare da tuo padre come che non sei un uomo come tuo padre, invece tu lo hai abbandonato tuo padre, tu non ti fai sfruttare, non lo ascolti tuo padre»

M «Certo pensavi che mi facevo sfruttare e mi potevi colpire al fegato e ai reni come ti ha detto lo zio, che ti ha detto di colpirmi al fegato e ai reni se non faccio quello che vuoi, pensavi che ti avrei portato lo stipendio a casa in contanti o che saresti riuscito a rubarmelo direttamente, questo per te significa ascoltarti»

V «Bravo, hai capito, sei uomo come tuo padre» mi fissa e poi abbassa la testa guardando il pavimento

M «Che cazzo hai capito?! non lo faccio! ti sto solo dicendo che ho capito cosa intendi»

V «Ah, no?» mi guarda di nuovo stupito «Perché fai così, ascoltalo tuo padre, hai visto che l'avv. Vaschenis e Bolone lo ascoltano tuo padre, perché fai così con tuo padre?»

M «Ma vaffanculo, te l'ho già detto, faccio così perché mi hai colpito al fegato e ai reni per farmi andare male a scuola, per non farmi diplomare, per non farmi fare l'università perché te lo ha chiesto lo zio e la zia che continuano a dire che mi hanno preso in affido per potermi rovinare!»

V «Com'è giusto è così, como che non sei un uomo come tuo padre!»

M «Ah, sì, io non devo poter studiare perché lo zio non vuole e devo farmi sfruttare da te!»

V «Si, com'è giusto, è così, como che lo zio vuole per rispetto dello zio»

M «Sì, ma vaffanculo»

Noura «VITTORIO! Vittorio! io paura per il mio bambino» un'espressione di paura sul volto di Noura, ha compreso che è stata sposata da un uomo con il cervello non funzionante

V «Vedi come sei, gli dici le parole a tuo padre»

M «Ti ricordo che tu gli hai lasciato fare, e, quando…l'anno scorso hai tentato di ammazzarmi con un'ascia, hai tentato di falciarmi la giugulare, il pezzo di legno che avanza sopra la lama mi ha graffiato il collo, se non ti bloccavo, mi tagliavi la giugulare, avevo anche il muro dietro la schiena» continuo a lanciare occhiate al cellulare, non si accorge di nulla.

V «Como che mi hai fatto incazzare, como che non lo ascolti tuo padre»

M «Non ti ascolto, significa che non mi faccio sfruttare, comunque ho un testimone, Mimmo, anzi [cognome] Domenico, voglio vedere cosa dice se lo chiamano a testimoniare»

V «Ma perché fai così? ascoltalo tuo padre, hai sentito cosa ti dice tuo padre, ascoltalo tuo padre»

M «Ti lascio le chiavi della lancia Y, quella più grossa col codice non la trovo al momento, appena la trovo te la porto, è intestata a te», dirigo lo sguardo verso la moglie del V, «Ciao Noura»

Noura «Ciao Marco»

V «Ciao figlio mio»

Noura «VITTORIO! io paura per il mio bambino»

Guardo il mio cellulare, è un Nokia 3650 con OS Symbian, registra decentemente gli audio, vedrò come si sente la registrazione, ne ho fatte diverse in questi anni di abusi, ma le registrazioni analogiche lasciavano sempre un po' a desiderare, adesso in digitale è tutta un'altra cosa.

Il V ha preso molto male il fatto che non sia andato al compleanno del mio fratellastro, ha forse una consapevolezza nella sua mente malata; io non tornerò più in quella casa prigioniero, restituendogli il veicolo, ora, non ho più punti di ricatto. Dopo la visita di finta cortesia, mi incammino verso la stazione dei treni, sono due chilometri abbondanti, non vedo l'ora di allontanarmi da quel luogo, dovrò comunque passare ancora qualche volta, devo cercare di non perdere i soldi a causa dell'avvocato del sindacato.

In città alta ho fatto amicizia con due ragazzi albanesi che vivono vicino a me, fanno i camerieri in un ristorante in zona "fara" qui in città alta, Sam e Miri si fanno chiamare, Sam mi presenta un suo amico, Fabrizio detto Fabri, fa il cameriere in una pasticceria in città alta. Questo mi fornisce il numero di un suo amico psicologo, il dott. Tullio, fa anche ipnosi; lavoro come se non ci fosse un domani, non mi importa di quanto devo spendere, proverò ad andare anche da questo qui, lo chiamo la mattina dopo, la settimana successiva inizio la prima seduta, chiuderò con l'attuale psicologa, per impegni di lavoro, spesso mi dimentico di andare da lei a fare la seduta, un po' mi spiace cambiare, mi trovo bene, ma io devo risolvere al più presto.

III

FRIDA

> Ricordate che una meretrice non
> cambierà mai mestiere. Al massimo,
> cambia marciapiede.
> (Amedeo Ansaldi)

Sono passati due mesi da quando ho preso in locazione un trilocale, è ridotto male e non arredato, al posto del battiscopa c'è una striscia di vernice marrone, non ho scelta, ho fretta di cambiare casa, da via Borgo Canale mi sono spostato nella limitrofa via Beltrami, in questo modo per la posta non dovrò spostare la residenza, non posso cambiarla fino a che ho il problema con il V, il suo amico Bolone e l'avv. [omissis]; non ho la forza per fronteggiarli; l'unica soluzione sarebbe far interdire il V, ma non credo sia un procedimento facile, e io devo curarmi; l'insonnia e gli altri sintomi mi logorano. il V ha dalla sua parte un avvocatucolo marcio e Bolone, devo spostare il problema per ora. È giugno duemilasei

A poche centinaia di metri da casa, c'è un piccolo bar carino, d'estate ci lavorano diverse ragazze, una di loro è amica di Sam, si fa chiamare Frida, non so se è un soprannome, dopo averci parlato diventa subito antipatica, continua a ripetere che le forze dell'ordine sono «Tutti amici suoi» le piace fare la mafiosetta, mi insulta continuamente «Sei brutto!» meglio lasciarla perdere, ce ne sono altre, una si chiama Laura, è carina, sembra anche simpatica, mi ha lasciato il suo numero di telefono, ha diciannove anni, cinque in meno di me, tra poco si diploma, ogni volta che entro nel bar cerca di chiacchierare con me, se c'è Frida, quest'ultima fa interferenza, vuole una sorta di riverenza, perché «Sono tutti amici suoi», intendendo polizia, carabinieri e chissà chi altro, inoltre, continua a lamentarsi del suo ex, Gigi. A suo dire la maltrattava, sembra una persona un po' tossica, la evito, ma non perde mai occasione per insultarmi, ancora peggio il fatto che la mia coinquilina, Ioana, detta Jo, sia una sua amica.

Oggi, dopo più di duecento chilometri in auto, vado al bar a mangiare un panino, Frida non perde occasione per insultarmi e continua a dirmi di lasciar perdere Laura, dice che questa le parla male di me, tutto questa negatività è il simbolo di una povera infelice che ama danneggiare gli altri, il suo modo di fare mi ricorda tanto la famiglia tossica da cui sono scappato, bisogna mettere uno stop, soprattutto è assurdo che si lamenti del fatto che il suo ex, Luigi di Marco detto Gigi, abbia tentato di spingerla giù da un balcone. Tutti dicono che lei era partner in crime con Gigi e sta facendo la cameriera in quel bar su consiglio dei suoi amici corrotti. Questi le hanno dato un permesso di soggiorno non dovuto, meglio chiudere in modo brusco, continua a insultarmi e interferire.

Arrivato a casa, a poche centinaia di metri dal bar, decido di scriverle un messaggio: «Lasciami stare, fatti gli affari tuoi, smettila di fare la porta sfiga, se il tuo ex ti avesse fatto secca per me sarebbe stato meglio», dopo il messaggio continue chiamate, anche con il numero privato, non le risponderò, sono le due di notte e mi scrive un SMS «Sono sotto casa tua, scendi», scendo, è sotto con un suo conterraneo albanese, Arber, davanti al portoncino d'ingresso, qualche secondo dopo, spuntano da un cespuglio sito a due metri dall'ingresso, la sorella Adelina, e tre ragazzi, uno di questi lo avevo già visto, Eduard Vrucaj, che si fa chiamare Edo.

Arber «Hai fatto piangere la mia amica, la prossima volta, se sei uomo, scrivi a me», mentre lo dice mi tira il lobo dell'orecchio sinistro

M «É lei che non mi lascia stare, lasciami il tuo numero, la prossima volta chiamo te» con la mano sinistra gli tiro il lobo destro, come ha fatto lui.

Arber «No», prima fa lo spaccone e poi si rifiuta di darmi il suo numero di telefono, non so che dirgli.

Adelina «Scrivi a me, dammi il tuo numero»

M «Va bene» gli faccio uno squillo, Adelina memorizza il numero.

Eduard «Rispettalo che è più grande», mentre lo dice Eduard, mi colpisce sul lato sinistro del viso, il pollice della sua mano destra mi entra in un occhio e me lo fa lacrimare, è noto per essere bulletto e vigliacco, solo un miserabile come lui poteva fare un gesto del genere, lo spingo via, si aggrappa al mio braccio sinistro e mi strappa la manica della camicia, mentre un altro continua a dire come un disco rotto «Pensa a quello che hai fatto, l'hai fatta piangere». Si chiama Florenc, sembra la compagnia dei cretini, ma sono preoccupato, il fatto che Frida abbia servi nelle forze dell'ordine non è solo una sua fantasia, il quarto ragazzo è italiano, lo specifica di non essere albanese, non dice altro.

Frida «Sono l'amica del maresciallo, non farti più vedere o ti sputo in faccia e ti tiro il vassoio in testa, tu non puoi reagire, sono tutti amici miei» si riferisce al fatto che non devo reagire contro l'aggressione e in generale.

Adelina «Gli albanesi a bergamo sono diecimila e uccidono anche!», se ne vanno, la cosa che mi fa rabbia è che Frida appare veramente amica di molti corrotti all'interno delle forze dell'ordine. Mi rendo conto che non sono millanterie, quando sei in una situazione in cui non puoi reagire, la rabbia sale, era troppo sicura di sé quando diceva «Sono tutti amici miei»

Il giorno dopo incontro Miri e Sam, uno resta stupito del comportamento di Frida, ma è nota per essere la ... delle divise sporche; Sam mi racconta nuovamente come Frida gli ha truffato ottomila euro; si è inventata che poteva far avere dei permessi di soggiorno al prezzo di quattromila euro l'uno, si è presa i soldi e li ha spesi con Gigi, poi ha voluto fare anche la santa asserendo di non saper nulla; Secondo Frida è stato Gigi a truffarlo, lei è innocente; meglio prendersi qualcosa al bar mentre se ne parla. Arriva Laura, le piace atteggiarsi «Ciao, volevo un chiarimento» si accende una sigaretta per darsi un tono

M «Sì, ho capito...dimmi, sono venuti ieri ad aggredirmi dicendo che non posso reagire, perché è l'amica del Maresciallo» mi arrabbio mentre lo dico

Laura «Quella è una conseguenza di quello che hai fatto; a questo punto, a questo punto, diciamocelo; tu hai minacciato di morte Frida perché io non uscivo con te!» dopo aver sentito quelle parole, mi chiedo se in questa città tutte pensino di poter dire cose che neanche un interdetto direbbe, ma quanto parla la [omissis] delle divise rosse, in una città di sinistra, non ci si può stupire di nulla, tutte a tenerle la parte, Laura poi è dichiaratamente di sinistra.

M «Noi eravamo d'accordo di uscire…inoltre sono io che ti stavo evitando, tu non centri nulla, è una cosa con Frida» chissà se si ricorda che due giorni fa, poiché non la salutavo più, è andata in bagno a piangere ed è uscita soffiandosi il naso a testa bassa, come se non fosse successo nulla. Forse non capisce che è pericoloso assecondare i deliri Frida solo per non far sapere che vuole lasciare il suo ragazzo, magari sta dicendo questo per mettersi in una posizione di dominanza: il suo scopo è quello di costringermi a cercarla perché lei testimoni, ha capito che ci saranno situazioni legali in conseguenza dei fatti, ci penserò nei prossimi giorni, prima devo denunciare Frida e i suoi compari.

Laura «Allora dato che mi dici che non c'entro nulla...volevo solo un chiarimento»

M «Ok» sento che Frida farà di tutto per mettermi contro la Jo.

Il giorno successivo sono di nuovo al caffè cittadella con i miei due amici, accanto alla piazza dove ha sede la caserma dei carabinieri in città alta, piazza cittadella; c'è una vigilessa che arrotonda facendo la cameriera lì, Silvia, il figlio lavora anche lui nel settore commercio auto, Silvia ha stretto amicizia con Frida, a quest'ultima le piace fare la vittima per convenienza e poi guardarti e riderti in faccia. Tutti, dipendenti, avventori e soci del bar ad assecondare la richiesta della favorita del maresciallo, un atto di sottomissione in nome delle sue amicizie in divisa; sembrano quelle situazioni medievali in cui tutte volevano essere le damigelle della favorita del re.

L'appartamento dove vivo è parzialmente arredato, non ho ancora la cucina completamente funzionante, mangio sempre fuori; ogni giorno appena arrivo al caffè cittadella, nel giro di qualche minuto passa una pattuglia dei carabinieri, si ferma davanti al bar, ogni carabiniere alla guida mi fissa in modo intimidatorio, le … [i venduti della venduta] si potrebbe dire; evito di salutare Laura, si è comportata da miserabile, sembra che non se ne renda conto.

Ennesimo cappuccino e brioche al caffè cittadella, pago il conto e torno a casa, il telefono dell'utenza personale squilla, è la Jo, è in Romania dai suoi genitori, mi chiama per sapere come sto, gli racconto l'accaduto.

Jo «Ma stai scherzando?»

M «No, non scherzo, ma non sono arrabbiato per la colluttazione, non è successo nulla, Edo è una mezza sega, mi ha aggredito di lato mentre ero voltato, mi fa incazzare Frida mi ha minacciato e non posso reagire, è una cosa che mi fa salire la rabbia» mi fa piacere sentire una voce amica

Jo «Ma come è successo?»

M «Sono saltati fuori dal cespuglio sotto casa»

Jo «Si, fanno sempre così, è il loro modo di fare»

M «Ah, non lo sapevo. quando torni in Italia ti racconto, adesso ho del lavoro da fare.»

Jo «Ok, baci»

M «Baci, ciao»

Altra chiamata sul telefono personale

Fabri «Ciaoo Marco come stai?»

M «Mah, ho litigato con Frida e i suoi amici, mi hanno aggredito a tradimento»

Fabri «Davvero? ti hanno messo le mani addosso?» la domanda sembra fatta per confermare una notizia che gli è pervenuta.

M «Sí, ma nulla di che, ma li denuncio per le minacce e perché voglio vedere chi sono queste quattro merde in divisa che la proteggono, ovviamente non posso andare a denunciarla in città alta, c'è il maresciallo amico suo»

Fabri «Eh, ma aspetta che torno io»

M «Perché?»

Fabri «Daiii che ti accompagno ioo in questura, aspetta che torno dalle ferie»

Marco «Ma perché, vuoi testimoniare sulle sue amicizie?» lo dico in modo ironico

Fabri «Dai, fammi questo favore che poi io…»
Marco «Che poi cosa?»
Fabri «Dai che poi io…»
Marco «Non finisci mai la frase» lo provoco, so che è una presa in giro, ma voglio vedere dove vuole arrivare
Fabri «Dai, aspettami!»
Marco «Ok!» Chiudo la chiamata
È un agosto caldissimo, non ho l'aria condizionata in casa, ho ricavato un mini-ufficio in quella che era un tempo una veranda. I serramenti sono così gonfi e marci che non si aprono, sono tre metri per uno e sessantacinque e per quello che mi serve, me lo faccio andare bene, ho anche affittato quaranta metri quadri di ufficio, comunque, una zona uso ufficio in casa è sempre utile; troppe scartoffie sulla scrivania grigia e un perenne disordine, il mio focus si sposta continuamente su troppe cose,

continuo a fumare Davidoff, mille pensieri per la testa e ora anche la [omissis] del maresciallo impresentabile.

Passa qualche giorno, il telefono personale squilla, è Fabrizio, è tornato dalle ferie «Ciao Marco, come stai?»

M «Al solito, devo andare a fare denuncia, ho anche delle altre cose da fare, quindi appena ho tempo vado a farla, vado in questura da solo»

Fabri «Ma no, dai che ti accompagno io!»

M «Ok, quando?»

Fabri «Sei in città alta?»

M «Sì, perché?»

Fabri «Sto finendo di lavorare e poi ti raggiungo»

M «Ok, ti aspetto»

Passano circa trenta minuti, Fabri arriva a bordo della sua Ford focus station wagon, salgo in auto, ci dirigiamo presso la questura di bergamo. Entrati in questura si presenta in sala d'aspetto l'ispettore capo Nessi Massimo, al quale viene spiegata la situazione e mi pone delle domande «Perché sei venuto qui a fare denuncia, ci sono i carabinieri in città alta?»

M «Il maresciallo è un suo amico, i carabinieri me li ritrovo anche sotto casa quando esco.»

Isp. Nessi «Ah, ho capito, quindi sei venuto qui» non appare stupito, mi chiede di aspettare un attimo e si allontana.

Fabri è innervosito «Che cazzo dici! vai a rompergli i coglioni al maresciallo? quello poi si incazza!»

M «Non eri venuto per testimoniare anche tu? pensavo volessi parlare dell'amicizia del maresciallo con Frida» non risponde, si pietrifica, è venuto a fare la spia per il maresciallo, forse si illude che io non abbia capito che lui è uno dei tanti servi del sistema corrotto che vige a bergamo. Fabri ha fatto da mediatore immobiliare (in nero) per far affittare un appartamento nel mio stabile con il bagno e la cucina comunicanti, lo ha preso in affitto Sara, un'amica del maresciallo, a breve ci farà un B&B, lo chiamerà: Casa Carlotta; solitamente non darebbero nemmeno l'abitabilità all'appartamento, ma in questo caso i vigili per abilitarlo B&B devono essere entrati bendati. Torna nella sala d'attesa l'ispettore Nessi e dice «Seguimi», lo seguo e inizia a redigere la denuncia «Ma te lo ha detto lei o lo hai visto tu che è amica del maresciallo?»

M «Lo ha detto lei...»

Isp. Nessi «Ah, ecco»

M «Ma l'ho anche visto io»

Isp. Nessi «Ah» si fa cupo in viso

La denuncia è fatta, Fabrizio ha un'aria preoccupata, mentre sono in auto con lui mi colpisce più volte al pancreas e al rene sinistro con la mano destra a uncino, tiene le labbra serrate mentre lo fa, pensava che mi avrebbe fatto desistere dallo sporgere denuncia, quando gli sposto il braccio per evitare i suoi colpi e gli urlo contro «Ma che cazzo fai?!» con sincero sdegno mi dice «Ma perché fai così? tu non devi reagire col Fabrizio, il Fabrizio…» allungo la mano destra, ruotando il corpo di novanta gradi a sinistra sul sedile e faccio oscillare il volante in verticale per fargli capire che provocherò un incidente se non la smette. Con la sinistra paro i colpi che continua a darmi, sono molto precisi, si mette la mano destra sul viso ed esclama «Ma perché fai così, perché non lo ascolti il Fabrizio, ma se mi fai incazzare» mi lascia sotto casa, entro e mi dirigo a scansionare la denuncia e a salvarla sul computer, non voglio solo il cartaceo, meglio avere anche una copia digitale. Il comportamento di Fabri mi ha ricordato le situazioni da cui sono fuggito, feci diverse registrazioni, ma ricordo in particolar modo la prima sui colpi al fegato e ai reni; un giorno, ero in prima superiore, lo zio salvatore entrò in casa e disse al V di farmi uscire, gli doveva parlare, appena uscii il loro dialogo fu questo:

Salvatore «Ascoltame a me, tuo figlio non fa un cacchio tutto il giorno, to dico io che so' stato in polizia»

V «Ah, io non so, com'è giusto io non so»

Salvatore «To dico io, so' stato in polizia, me dai retta a me che so' stato in polizia?!»

V «Ah, sì, sì io com'è giusto io non so, io non so»

Salvatore «Allora, tu lo devi colpire così al fegato e ai reni, capito così! Se ti dice no, tu continua, che non lasci i segni, vedrai che poi fa quello che gli dici tu!»

V «Si, io com'è giusto, nu figato e reni, com'è giusto como che non è uomo come il padre?»

Salvatore «Bravo, bravo, sì, sì, sì, hai capito, me dai retta a me che so' stato in polizia? me fai questo favore a me, stai tranquillo che se te denuncia tu dici che non è vero, che è bugiardo e poi te credono a te perché non ha i segni e poi non glie credono più a niente»

V «Sí, com'è giusto, io, io»

Salvatore «To' dico io come devi fare perché te credono a te, o voi che to' dico io come devi fare?»

V «Como? como? io non so»

Salvatore «Te dico io come devi fare, quando te fanno una domanda, te devi rispondere: o solo ssì, o no; nient'altro, m'hai capito a me? Se t'accusano de qualcosa, ridi, capito? Ridi come se te sembra na' cosa strana, così poi te credono a te».

Dopo la conversazione, il V mi chiamó «Stupido pezz'e merda, vieni qui che tuo padre ti deve parlare» appena entrai in casa con la mano destra a uncino mi assestò due o tre colpi sul fegato, saltò per dare più forza al colpo, io lo insultai pesantemente e lui si mise la mano sulla faccia come a dire: "perché non funziona?"; posso quindi immaginare chi abbia istruito Fabrizio e chi lo protegga, la situazione si aggrava, teoricamente avrei dovuto evitare questa sfida, ma i miserabili non mi sono mai piaciuti, poi con che faccia mi guarderei allo specchio, desideravo togliermi Frida di torno per sempre con quei messaggi, volevo stare lontano da situazioni di violenza e abuso, invece, mi è venuto inconscio accettare; quella che si crede la concubina dell'imperatore, si aspettava un atto di sottomissione da parte mia; peraltro, sono restio a litigare senza motivo, la priorità è risolvere i miei problemi di salute; dopo il comportamento appena tenuto da Fabrizio, mi chiedo cosa possa riservarmi questa situazione contro Frida e associati, quali possono essere le conseguenze nei miei confronti. Denunciando ho preso posizione.

IV

AIUTI E SABOTAGGI

> Ha completamente capovolto la sua vita.
> Prima era depresso e miserabile,
> adesso è miserabile e depresso
> (David Frost)

Passano circa dieci giorni dalla denuncia, finalmente la cucina in casa è funzionante, sento la chiave che gira nella porta, la Jo è tornata.

Jo «Ciao, cucciolo come stai?»

M «Ciao Jo, tutto ok, tu?»

Jo «Tutto bene, viaggio stancante»

M «Ok, riposati»

Jo «Ok, ma dopo parliamo di quello che è successo con Frida?»

M «Ok, tranquilla, dopo ne parliamo, assurdo che questa oltre ad avermi scroccato dei passaggi ha anche avuto il coraggio di chiederti se potesse diventare la nostra coinquilina»

Jo «Sì, infatti, a dopo»

M «A dopo»

Passa qualche ora, Jo si sveglia, fa una doccia, poi si fuma una sigaretta, ha portato un paio di stecche di Kent dalla Romania e condiviso i pacchetti con me.

Jo «Marco, io esco che devo vedere i ragazzi, voglio parlargli»

M «Che ragazzi?»

Jo «Adelina e gli altri che sono venuti qui sotto»

M «Ma perché? tanto oramai li ho denunciati.»

Jo «Ma perché è strana questa cosa, loro sono amici di Adelina, non sono amici di Frida, si stanno anche antipatici, Frida non la vogliono vedere, è strano che siano venuti per Frida.»

M «Non so che dirti…»

Jo «Con Laura?»

M «Non la saluto, si è comportata di merda, inoltre adesso tutti stanno assecondando Frida nell'andare in giro a dire che l'ho minacciata di morte perché Laura non usciva con me»

Jo «E che cosa centra?»

M «É quello che direbbe qualsiasi persona non mentalmente ritardata; intendo la tua domanda, è una cosa che direbbero tutti, ma sembra che si divertano a dire quello che chiede Frida»

Jo «Assurdo!»

Esce di casa, qualche ora dopo, è tardi, ho finito di fumare le Davidoff, pacchetto vuoto, il distributore vende solo le Marlboro, non ho voglia di uscire e comprarle, per fortuna ci sono le Kent, delle buone alternative, mentre sono al computer, rincasa la Jo «Ciao, che fai ancora sveglio?»

M «Solita insonnia, non riesco a dormire»

Jo «Ho parlato con Adelina e gli altri...»

M «Ok, e quindi?»

Jo «Mi hanno detto che Frida si è presentata da loro dicendo: "chi è che ha voglia di rissa stasera?", e loro, perché glielo ha chiesto Adelina, si sono presentati, ma Edo ti conosceva? mi ha detto che ti ha già visto»

M «Sí, lo avevo già incontrato, me lo aveva presentato Sam, mi pare, quello che Frida ha truffato, facendogli credere che vendeva i permessi di soggiorno e gli ha fottuto ottomila euro, l'amico e coinquilino di Miri»

Jo «Mi ha detto che si è sentito un coglione a venire da te, poi era anche un po' bevuto»

M «É sì che è un coglione, ma dato che gli piace minacciare perché Frida è la [omissis] dei corrotti di bergamo,

vediamo come va a finire questa cosa!» mi innervosisco mentre lo dico.
Jo «Gli ho detto che adesso ci sono denunce di mezzo e non si sa come andrà a finire e mi hanno detto: "come denunce? andiamo a chiedergli scusa"»
M «Scuse un cazzo, stronzi, dovevano pensarci prima»
Jo «Hai ragione!»
M «Jo come si chiama il marito di Leonora, l'altra sorella di Frida? quella che lavora al caffè cittadella pur essendo clandestina, quella che si è sposata quest'estate per regolarizzarsi»
Jo «Francesco mi pare»
M «Cognome?»
Jo «Non lo so cucciolo, ma perché?»
M «Sarà utile per la causa, è anomalo che a cinquanta metri dalla caserma dei Carabinieri lavorino in nero in un bar due ragazze albanesi, di cui una lo

fa per avere una copertura per i casini che ha fatto in giro e l'altra è clandestina; comunque, tranquilla, mi informo io, grazie» faccio un po' di ricerche, dovrebbe chiamarsi Francesco Trani, ma devo fare ulteriori verifiche.

Sono in provincia di Brescia per lavoro, mi piace questa città e la sua provincia, squilla il mio telefono personale.
Fabri «Ciao Marco, come stai?»
M «Bene Fabri, dimmi?»
Fabri «Dove sei?»
M «Dopo Desenzano»
Fabri «Desenzano del Garda?»
M «Sí, perché?»
Fabri «Volevo presentarti una, una figa, ma una figa, ma una figa, che al confronto quella che ti piaceva

quest'estate è un cesso, come si chiamava? Laura?»

M «Fabrizio, la causa contro Frida e il maresciallo andrà avanti lo stesso»

Fabri «Ma perché fai così? Dai, che poi io, fammi questo favore…»

M «Non ritiro la denuncia!»

Fabri «Ma dai, perché devi fare così, dai che poi io…»

M «Al solito, dai che poi io cosa?»

Fabri «Eh, dai, che poi io…, quando parliamo che poi io…dai chiudetela…»

M «No, non la chiudo, li sputtano tutti li amici di Frida! adesso ho da fare, ciao»

Fabri «Va bene, ciao»

Fabrizio da un po' di tempo ha iniziato a perseguitarmi, ci prova in tutti i modi a trovare il modo di ricattarmi, le sue chiamate sono sempre uguali e mi fanno comprendere perché il V nella provincia di questa città si è ambientato e trovato bene, ecco la trascrizione di una delle telefonate

Fabri «Ciaoo Marco, come stai?»

M «Al solito Fabri, perché?»

Fabri «Marco, ma come si chiama il tuo fornitore, quello che non ti manda le fatture»

M «Enzo quello principale, ma non è lui il colpevole, ma quello a monte, che fa lo stronzo»

Fabri «Eh, ma come si chiama, dai dimmelo che poi io…»

M «L'ho visto una volta, si chiama Alberto, ma ho capito dove vuoi arrivare»

Fabri «Eh, ma dove abita, dimmelo, dai che poi io…»

M «Ma, non lo so dove abita e poi non mi frega»

Fabri «Fatti dire dove abita, così poi andiamo a parlarci assieme»

M «Certo così ti metti d'accordo con lui e mi colpisci al fegato e ai reni per suo conto se non compro da chi vuole lui»

Fabri «Ma perché devi fare così, dai che poi io…»

Rido perché solo in questa città ho sentito il concetto del: "dai che poi io"; e, solo da mio zio il poliziotto molestatore una frase analoga: "me fai questo favore a me"; rispondo al fido servo del maresciallo «Fabri, dato che ti credi furbo, giurami sulla vita dei tuo figli che non lo vuoi sapere per ricattarmi e fottermi soldi»

Fabri «Ma perché devi fare così, dai, ma perché fai così»

Marco «Tu intanto giuramelo, cosa ti costa, non lo fai anche perché sei amico del maresciallo…»

Fabri «Ma dai che poi io…»

Marco «Fabri, ho da fare!»

Chiudo la chiamata; mi viene in mente il V quando gli urlavo contro poiché mi dava dei colpi al fegato e ai reni, si sentiva offeso dagli insulti, io non potevo fare altro che aggredirlo verbalmente, ho molti flashback di quei momenti, il V mi diceva pieno di sdegno «Ma perché fai così? È giusto così, come che non sei uomo come tuo padre», poi sorrideva come se avesse detto una frase di grande intelligenza e spessore morale. Spesso lo zio Salvatore era accanto a lui e rideva; lo zio invece diceva «Mi fai questo favore a me» inteso come il non reagire quando mi molestava, poi faceva un cenno al V con la testa, una sorta di sì che era l'ordine di colpirmi, mi guardava ridendo mentre il V mi colpiva impegnandosi con un sorriso ebete «Hai visto? Me fai questo favore a me? Se me fai questo favore glie dico di non menarti più» poi continuava «Non t'ho fatto niente, te ho chiesto solo se me fai questo favore a me, altrimenti glie dico a tuo padre di spezzarti le ossa», sorrideva e poi faceva un altro cenno e prendevo altri colpi, quando gli urlavo contro mi diceva «Come te permetti, io so' stato in polizia, non me poi fa niente, non c'hai le prove, se me denunci te rovino pure», anche lo zio non giurava il falso sui suoi figli, questa analogia mi fa capire chi stia istruendo Fabrizio e i problemi mentali derivanti dall'essere contigui a certe divise sporche, oramai sono più di quelle oneste. Fabrizio non è contento che la Jo sia tornata dalla Romania, per aggredirmi, deve sempre verificare che non ci siano altri in casa, non vuole testimoni.

V

ULTIMA CENA

> Quando ci voltiamo indietro,
> scopriamo che c'è tanta schiavitù in ciò che
> lasciamo e tanta libertà in ciò a cui
> andiamo incontro. (Fabrizio Caramagna)

Agosto duemilasei, una fresca estate al bar con gli amici Miri e Sam, oramai frequento questo locale quotidianamente, mi squilla il terzo telefono, è il V, mi deve parlare e devo recarmi da lui di persona, non è in grado di tenere conversazioni telefoniche in quanto comprende le situazioni tramite la comunicazione non verbale e non le parole, vado con un altro spirito dal bastardo, non ha più nulla su cui ricattarmi tranne i documenti che sono in mano all'avvocato Loredana; vediamo che vuole stavolta, anche se penso di saperlo; saluto gli amici e vado dal mio ex aguzzino; quando arrivo entro in casa sua con il solito rituale di saluti, mi dice che Noura vuole andare in Marocco, ma lui non ha i soldi, non so che pensare, me lo aveva detto di volere un prestito, mi ero preparato a questa situazione, non capisco come sia possibile, ha uno stipendio da camionista da duemilacinquecento euro al mese; dice di aver avuto delle spese impreviste, gli servono millecinquecento euro; di fatto devo ottocento euro a quel molestatore dello zio Salvatore, gli presto i millecinquecento euro richiestomi, li ho in tasca, ero preparato a questa situazione, inoltre, mi tengo sempre circa mille euro in tasca come fondo di emergenza, quando mi sposto per ritirare i veicoli. Infatti, in passato, l'auto da consegnare, si è fermata per un'anomalia lontano dalla destinazione, e per questo serve il contante per il carro attrezzi; me lo ha insegnato Pino, un precedente collega che conobbi nella stessa azienda dove lavorava anche Massimo, sempre contanti in tasca, può servire per carro attrezzi, albergo ed emergenze varie; V, il bastardo, è tutto contento quando gli do i soldi, ossequioso a testa bassa; gli spiego che devo dei soldi allo zio poiché mi fatto un assegno per pagare l'RCA.

V «Con tuo zio ci penso io», si appoggia la mano destra sul petto mentre lo dice.

M «Ok»

V «Poi vieni quando Noura è in vacanza, vieni a mangiare con tuo padre, ascoltalo tuo padre»

M «No, andiamo fuori a mangiare, pago io» mi disgustano quelle mura, penso al fatto che la domenica mattina venivo svegliato con un colpo a fegato, come se non fossero bastati quelli datomi durante la settimana; fegato, pancreas e reni, ho perso il conto delle volte che sono stato colpito in quei punti come gli ha insegnato lo zio Salvatore, erano più i giorni in cui venivo colpito che quelli in cui mi lasciavano in pace.

La settimana dopo Noura parte per il Marocco, vado a prendere il V con la FIAT Punto arancione, siamo in pieno agosto, lo porto a cena nel ristorante dove lavorano Sam e Miri, una delle cose più assurde è che quello squilibrato del V pensa che ci assomigliamo (lui sembra nordafricano, io sono bianco latte), crede di essere stato un padre modello e che questa sia una cena tra un padre e un figlio legati tra di loro. Durante la serata non parlo dei documenti trattenuti dall'avvocato …, voglio vedere se accennerà lui qualcosa, la cosa assurda è che ha la capacità cognitiva alterata, la cultura di un bambino appena arrivato in seconda elementare ed è miserabile quanto analfabeta, sa solo firmare, nessuno ha ancora capito che distingue i cartelli stradali come fossero dei geroglifici, sono tutti disegni per lui. Per interpretare meglio il ruolo si è comprato degli apparecchi acustici facendo finta di essere quasi sordo, ma è la capacità cognitiva che è alterata e/o ridotta, ha acquistato degli occhiali fingendo di avere problemi di vista e mentendo sul fatto che non sa leggere, in questa città non se n'è mai accorto quasi nessuno, esclusi l'avvocato Loredana, Bolone, gli assistenti sociali, lo zio molestatore, la moglie Lucia e tutti i parenti; il risultato è stato che l'avvocato Loredana e Bolone hanno sfruttato la situazione a loro vantaggio sulla mia pelle e cosí anche i suoi parenti, per non parlare dei servizi sociali che mi seguivano. La regola era sempre quella: devi dire che stai bene; se gli dici che stai male in affido famigliare, che ti molestano gli zii, che vieni colpito al fegato e ai reni lo psicologo dei servizi sociali con un sorriso di plastica ti dice «No, tu stai bene», nega i fatti, condivide la strategia. Anzi, continua a ripeterlo in modo ossessivo, la situazione era come in affido famigliare; quando spieghi che sei una sorta di capro espiatorio, che ti umiliano e schiaffeggiano in continuazione, per loro «No, tu stai bene». Poco tempo fa, vidi un film dal titolo: "Million dollar baby"; i parenti dell'attrice mi ricordano i miei nei modi e nell'animo; ho capito che i miei soldi sono persi, maledetti! Tra poco cambio auto e butterò la scheda telefonica con il numero noto al V e chiuderò definitivamente i ponti con il mio ex sistema familiare.

Agosto rapidamente finisce, finalmente rinfresca il clima, le giornate sono sempre uguali: Insonnia, sveglia all'ultimo minuto, computer o centocinquanta chilometri in auto in provincia di Brescia o Mantova, andare lontano da bergamo mi piace, non mi sono mai ambientato in questa città, sarà pur vero che destra e sinistra non esistono più in Italia, ma in questa città sono tanto comunisti e sinistroidi quanto ipocriti e omertosi, Brescia è una città molto bella, anche la provincia, le persone sono socievoli e aperte, anche per fare business, ma la vita sociale per me è quasi zero, ho lavorato tutto il mese di agosto, inoltre, l'insonnia e gli altri sintomi mi logorano; aggiungendo poi lo stalking dei carabinieri, qui hanno un grosso vantaggio loro, bergamo è molto provinciale, se osservi con attenzione noti che si respira un'aria similare a un piccolo paesino dove tutti sono servili al mariuolo di turno.

Ogni giorno da quando mi sveglio a quando vado a dormire sento nella mia testa la frase «Ti abbiamo rovinato, ti abbiamo rovinato, hai visto gliel'abbiamo fatta ti abbiamo rovinato», un coro di voci che dice questa frase, lo racconto alla mia psicologa, di fatto sono dei flashback intrusivi, ma non so come definirli; mi viene anche in mente l'ultima conversazione udita e registrata tra la sorella del V, la zia Lucia ed il marito Salvatore;

Era una mattina, saranno state le dieci, dormivo nel mio letto in posizione prona, la zia entra in camera ed inizia fastidiosamente a picchiettarmi la spalla sinistra, mi parla del fatto che qualche giorno prima ho litigato nuovamente con il V, mi dice «tanto lui a cinquant'anni non cambia, tu non ti stai costruendo un futuro»

Le rispondo innervosito «Ma cosa vuoi, ma se siete voi che continuate a dirmi che mi avete preso in affido per potermi rovinare e per non farmi studiare»

La zia mi picchietta di nuovo sulla spalla dicendo «adesso puoi studiare, adesso nessuno ti dice niente», si volta e se ne va. Io sgrano gli occhi, non capisco quelle parole, intendo che non ne capisco lo scopo, non

appaiono manipolatorie come ogni frase dettami da quando iniziai a vivere in quel luogo, il sonno mi è passato e devo capire il motivo di quelle parole, mi alzo, mi vesto ed attendo; dopo qualche ora arriva lo zio Salvatore, sale in casa, lo sento appena chiude la porta di ingresso di casa sua, lo sento dire alla zia, «Allora hai fatto?»
Zia «Si»
Io esco in cortile e mi sposto sotto la finestra della loro camera da letto, é aperta come pensavo, posso sentire e registrare col cellulare, entrano nella loro camera, come sempre quando devono parlare di cose riservate.
Salvatore «Allora gli hai parlato?!»
Lucia «Sí, sí gli ho detto che adesso può studiare, che adesso nessuno gli dice niente»
Salvatore «Ah, ah, Bo, bo, bo (bene, bene, bene)»

Lucia «Ma non è che se studia adesso…»

Salvatore «No, no, anche se studia adesso quello che poteva fare prima non lo può più fare»

Lucia «Ma non è che…»

Salvatore «Non gliela può fare, to' dico io che so stato in polizia, quanti anni ha adesso, ventuno … poi come fa, da solo, non vedi che il padre non lo aiuta, lo incula, lo mette a disposizione degli altri per farlo sfruttare?! O' vedi che il padre me lo giro come voglio?! Poi come fa a studiare, non gliela può fare, poi anche se studia, ora che finisce ha trent' anni, chi lo prende a lavorare, non gliela può fare»

Lucia «Ah, ah, allora va bene, allora gliel'abbiamo fatta?»

Salvatore «Sí, sí, gliel'abbiamo fatta, l'abbiamo rovinato»

Mi chiedo spesso se abbiano ragione loro oppure no, se mi abbiano rovinato, non è una questione di negatività, sono un ottimista ad oltranza, mi rendo però conto che in me qualcosa si è bloccato, mi viene in mente un film che ho scaricato poco fa', è un film per il piccolo schermo del 1996, lo vidi molto dopo la sua uscita, ma abitavo ancora col V, si intitola: Solo, è la storia di un soldato robot dalle sembianze umane che fugge dal laboratorio, ma nella fuga si ferisce sopra il bacino, sul lato destro e perde un piccolo componente della grandezza di un telefono cellulare, ma è un componente importante e senza quello non ha l'energia per combattere. Il titolo mi ha attirato e la storia del problema del soldato robot mi fa pensare a me, anch'io ho qualcosa che mi fa stare senza energia, sono sempre stanco, impossibile dormire la notte, solo, senza nessuno, e soprattutto non so cosa serve per tornare a star bene al cento per cento.

Settembre è arrivato, faccio un bilancio degli ultimi mesi: ho chiuso con il V, ha la mia lancia Y che era a lui intestata, non sa dove abito, ho cambiato auto, mi piace questa Volkswagen Passat diesel che ho comprato usata; la causa di rottura ufficiale con il V è stata il comportamento ambiguo dell'avvocato Loredana del sindacato rosso: si è trattenuta i documenti per fargli un favore, maledetta [omissis], voleva che restassi a farmi sfruttare da quel malato di mente, la mia punto la cedo a Enzo, il mio fornitore.

Sono preoccupato per la mia salute e per il problema Frida, nonostante l'associazione tra il V e il sindacato dei Cialtroni, Gonzi, Inetti e Ladri, sono riuscito a farcela; la fuga dal paradiso degli orchi è conclusa.

INDICE

FUGA DAL PARADISO DEGLI ORCHI

I	La fuga	19
II	La mossa del padre padrone	41
III	Frida	71
IV	Aiuti e sabotaggi	95
V	Ultima cena	109

www.ingramcontent.com/pod-product-compliance
Lightning Source LLC
LaVergne TN
LVHW051655080426
835511LV00017B/2584